Claudia Sánchez Cárcamo

Prontuario

Claudia Sánchez Cárcamo

Prontuario

JustFiction Edition

Imprint

Cover image: www.ingimage.com

Publisher:
JustFiction! Edition
is a trademark of
International Book Market Service Ltd., member of OmniScriptum Publishing Group
17 Meldrum Street, Beau Bassin 71504, Mauritius

Printed at: see last page
ISBN: 978-620-0-48947-0

PRONTUARIO

CLAUDIA PATRICIA SÁNCHEZ CARCAMO

Mujer de ideas arrizomaticas en esencia, actuar feminista, Escritora por oficio, naciendo en poética, obras de corte socialistas, denuncia del mal vivir que acechan en el sistema imperante en el día a día, esbozo de una de las tantas voces erotoinconformes que caminan desde la desigualdad en cualquier sitio, discurro en la narrativa a través del cuento corto, narraciones breves y ensayo.

Artivista como Gestora y promotora Cultural, Psicóloga, Pedagoga educación superior, facilitadora proyectos sociales, educativos, artístico-cultural, participación en cambios sociedad civil y voluntaria en ámbito del arte, desarrollo social y cultural. Obras publicadas en diarios nacionales e internacionales, revistas, antologías e internet.

Claudia Patricia Sánchez Cárcamo

Estudios Realizados: Diplomada en Psicología Forense, COPSIH 2014. Productora y locutora Radio Online CCET 2011-2012. Diplomada universitario en Gestión Cultural. UNAH 2011.Diplomado en Tutores Comunitarios en prevención de violencia y resolución de conflictos. PNUD / PNPRRS / Programa de la Niñez Adolescencia y Juventud AMDC. 2010. Diplomada en Formación Pedagógica de la Educación Superior. FUNDA-UPNFM 2009. Lic. en Psicología UNAH 2008. Taller de literatura "Edilberto Cardona Bulnes" Depto. letras UNAH 2004-2005.

Mención Honorifica: Concurso de poesía "Arte Universitario" UNAH oct. 2008. Concurso de cuento Lira de Oro Olimpia Varela Varela, Sociedad Femenina de Letras, Grupo Ideas nov 2012

Publicaciones: Diario La Tribuna, domingo 14 de septiembre, 2008 y Caxa Real, julio-septiembre 2008. Diario Libertador, nov 2011, Tegucigalpa, Honduras, publicación 85 año 9, pág. 66. Memoria primer Diplomado Universitario en Gestión Cultural, UNAH y MDGIF nov 2011. Ístmica

No.13, 2010 Revista Facultad Filosofía y Letras UNA Costa Rica pág.135-8 Feb. 2012.
http://www.revistas.una.ac.cr/index.php/istmica/article/view/2186
Día nacional e internacional de la mujer
//redsolhonduras.blogspot.com/2011/03/informaciones-honduras-nr-710-11-de.html y
//lista.rds.org.hn/pipermail/arteycultura/2011-March/000538.html Narrativa, ensayo y poesía;
//letras-uruguay.espaciolatino.com/aaa/sanchez_carcamo_claudia/index.html
Articulista http://conexihon.info/site/opiniones/palabra-libre/destrucci%C3%B3n-del-arte-y-la-cultura

ANTOLOGÍAS; Poética Caballo verde, editorial cerezo desnudo, Tegucigalpa 2006. "Escribe contra la Impunidad" PEN INTERNATIONAL, Londres, nov 2012. Poesía Resistente escrita por mujeres Honduras: Golpe y Pluma, Litografía López, Teg. 2013. Voces de la ANDEH, Litografía López, Teg. 2014.

Palabras preliminares

Índice

Irreal

Soy noche
Y hablo con mi tierra,
Susurrando alegría
Con blanca locura.

Pequeño niño pájaro
Que esclavo naces y
Al salir retraes miseria.

En verdad
Se nos han tornado tan reales
Que ya, no solemos verlos

Ira *Aka*

Noche de hiel,
Día de penumbra
Cual hálito somero.

Que nunca llego a ser
Un febril puberto.

Han muerto tantas veces,
Que ya no los recuerdan
Murieron al nacer acá.

Han muerto mil veces
De angustia, sueno, dolor
Que cuando real les sea
Su partir, la muerte
Reirán de la vida.

Valentía

Elegía a Erick Martínez Ávila

Tegucigalpa
Tan envilecida te encuentro
Que logro ver mi sombra
Reflejada en ti,
En pleno medio día.

Tegucigalpa
Tan mía,
Tan odia
Tan jodida.

Tegucigalpa
Tengo que ir a un velorio en ti,
Y no es que quiera o deba
Es un sino
Al que no he tenido más opción,
Entre aguacates podridos
Y triadas dieciseisavas.

Tegucigalpa
Hoy quiero coger
Su verde y azul mundo
Y estrellarlo en sí,
Sobre sus cabezas
Echas rabia.
¡Pucha compa!
Que hijos de sus grandísimos
Y putos padres que los engendraron.

Si, ya sabes esos cabrones
Durmiéndote
Entre odios diversos
Y tu necia guerrilla de calle.

Según ellos te llevaron
¿Pero porque, si no te fuiste?
Por lo menos no te vas de mí,
Si logro cada día
Ver esos chicos ojos brillar.

¡Es que puta compa!
Acuerdes de brillar
En mis noches,
Con esa lluvia de risas.

Tegucigalpa
Que gran diferencia
Se crea, entre morir en tus calles
Y el que te maten en una carretera.

Hasta luego compa, amigo, hermano
Hasta siempre Valentina.

Con Que Agonía Pides Que…

A Mi Divino Amor

Temiendo que el
viento
Además de los aguacates
También se lleve mi memoria,
Con esa tú idea que es ilógico
No aprender intuiciones sociales
Con tu estación conciencia.

Temes no tenerme, ni mantenerme
Con tu resistencia tolerando los embates,
De bosquejos abstractos de sub-realidades
De subsistencias inherentes al coraje,
De enemigos que marcan el sendero.

Porque
¿Los muertos solo salen de nuestros vientres rojos?
¡Es por trabajo de verdes domingos!
Recién lustrados.

Nosotras que esperando no a Godot,
Si no que sean miércoles

Y regresen al cumplir su plazo.

¿Sabías que no solo se lucha con la caña?
También se hace con el gorgoreo,
Desvaneciendo añejos errores
Que albergaban encadenadas
Plumas de águila.

Escucha, te admiro por ser mujer
Que no se queda bajo la luz,
Mirando una carreta de arrugadas sombras
Sino que buscas salir, y cerrar la puerta
Soldando atrás de ti tus cuentas.

Coordina la juventud, lo que conviene su alma
No es lo que comprende su juico,
Comparte tus ideas, estratega cual ajedrez

Recuerda el arte lo sentirás en las húmedas alas
Que suben en el vaivén salpicado de tu boca.

Es ya imprescindible en barrios creativos
Cansados de matanzas selectivas,
Se decidan a conducir una nación
Que no cree más en la muerte,
De América combativa.

Inaguantable

Lo Incomprendido

Predecible soñador,
Irónico realista
Semejando resplandor,
Atraviesa el relevo yacente
Sal de los límites
Toca lo añorado.

Llora la ironía alrededor,
Comprende y controla
La fantasía, la ilusión.

Preguntas
¿Por qué ser tiniebla?
Y no fulgor,
Oyes la melodía
En débil soledad.

Deja que fasciné
Vuela en añoranzas,
Sumerge te en sueños
Imposibles.

No dejes en el
Olvido latente
Espera y al fin
Saldrá de ahí
Sólo tu amor
En un verso
Regalando
El universo.

Enséñame A Departir

Al frente de la formica
Mentora, educaste
Sientes que sales blanca,
Al liberar el cuerpo
Con la austera partida.

Te agobia la acción
Pasante, sedante
Sigue creciendo
Pequeña gaviota,
Sigue a Salvador
En tu mudo partir
Encontrando así
En cual alhambra ir.

Inadvertencia

Rapacidad, secuestro, muerte
Gorgoreo, sollozos, gemidos
Es lo único que nos queda.

Maldecir antes de morir
Y que la última palabra
Quede entre sus manos
Y la convicción que sea así
La ultima protesta a bala viva

Al ver su cobarde verde yacer
No estamos presxs por la libertad
Sino por la imposición del glifo
En avance de todo lo que pisotea
Camaleónicas y abanderadas botas

Conclusión: Entro O Salgo

Logro olvidar la realidad
Al sumergirme en la fantasía
Sentir esta aparente libertad,
Escasa vez emerjo a la realidad
Al preguntar cuándo comenzó
No lo sé, esto es progresivo
Lento, te acostumbras sin saber
Pero a su vez tan fuerte,
Que penetra sin remedio
Pero es solo el comienzo.

Quizás suelan decir ilusa,
Sé que no lo soy pero
Eso crece dentro de mí,
Hasta que el subconsciente
Se vuelve libre autoritario
Por encima de lo consiente,
Por ello será el hecho que
Mis acciones suelen siempre
Perder la preciada cordura.

Humanidad comprenderme
No has podido, seudónimandome
Incoherente pueril pero
Mi única realidad es que ellos
Son los únicos incoherentes.
Al no lograr comprender
La magia de este mundo.

Ilusión cual de maravillosa que
Del sueño jamás quisiera emerger,
Pudieran estar acá cual opio sutil
Envuelve tan claro, con tal pureza
Sin poder darte cuenta estas adentro.
Consumida y confundida entre
Lo verdadero y lo irreal,
Acá solo existe la paz, mi paz
El amor sin engaño, sin dolor
Sabiendo llegar al punto máximo
De tu juego el control perdido será.

Eso es sucumbir a lo irreal,
Sabido es que en este mundo
Logrando existir reconociéndolo,
Pequeño y de todos latente
Entre sueños y realidades.

Honduras Hispánica

Cual madre en promesas
Alegórica, extensa en gloria
Sutil terciopelo exquisita eres.

Con breve salutación quiero decirte
Deidad fulgurante, tienes y tendrás
Ilustre descendencia, cual tu vida.

Por ti y por tus hijos renombrados dedicarme,
Con ellos deseo y así formar parte de ti.

Palabra,
Vehículo humano

Camino de sol, voces oscuras
Lazo de espinas entre tus hijos,
¿Vuelves, estarás, te llevan?

Cercenada alianza de ecos
Lapidada diosa de piel tornasol
Tus hojas comen cual rocas.

Quizás mueras enferma de ciudad
Preñada de ideas, pares largas acciones
Grita, rasga el silencio y lava el dolor.

Nada en el ayer, siente la hiel,
Susurre tu cuerpo todo
Oyéndote en la vida, el trono
Que cubres muda de obsesión.

Tea…Ma…

Entre el latir de la tabla
Y la bruma del vals
La gota que se esconde
Reclama la espuma,
Que en tus sueños
Te han dejado a flote.

Entre mareas de carteles
Y cortinas Languideces
Por distorsionadas trompetas
Que en un va y ven furibundo
Te salpican y tú ahora Yaces
Solo bajo el limbo y tus butacas.

Crecer o morir

Crecerá y le atravesara
No seré yo, ni serás tú
Que un día nos miremos
Desde alguna ventana

Lo que hay bajo mi piel
Es solo blanca sombra
Con que me acobijo

Piel lienzo rojo de escarnios
Ayeres que pasan siempre
Como canción que escucho,
Cual el poema que siempre
Ha solas me musito al llorar

En sueños y recuerdos.
Pero que al despertarme
Nunca les conmemoro

Así te presentas tal vez
Oníricamente que jamás
Te recuerdo con claridad

Varona

Mujer dejas de ser forjada
Para convertirte en forjadora
El pasado solo será,
Un triste y lejano horizonte
Desteñidos recuerdos.

Solo tú puedes ahora
Apostar la vida misma,
Y sabes que has de ganarla.

Simplemente porque lo haces,
Como lo has de crear tú
Como lo desees.

No siempre lo que sabe será,
Lo que ahora es incierto
En un futuro cierto es,
No más dolor por favor
Para ti y por ti,
Por mí, por ella
Por la que nacerá.

Para que ellas nunca conozcan
Lo que tantas, por siglos han oído:
Pobrecita, nació mujer.
Ilusos, de lo grandioso del ser mujer.

Magistral

A: Lucila Godoy Alcayaga

Aunque siempre estabas,
Al final te toco amar
Buscando las horas
Que perdiste en la cama,
Al roció y al vapor de esos días
Creando vahos sosegados
De blanco cansancio.

Nunca fuiste esposa,
Nunca fuiste madre
Te preparaste
Para el trabajo de parto,
Recabando piezas
Que nunca encajaste,
Recabando piezas
Que nunca cargaste.

Gracias,
Se te remunero la tarea
Aunque solo fueran esas tardes
Pero con dulces vinos,

Lloraste con aquellas tus nanas
Que para él cómo arrullo cantaste
No duele la muerte si no el saberlo

Hilandera

Elegía a Amanda Castro

Amando el recuerdo
De tu aire, que castro
La negligencia de Mercurio

Tuviste que debatir y jadear
Entre la rabia y el dolor
En una titilante Taguzgalpa

Ahora, solo nos queda imaginar
Los recuerdos de tus manos
Al parir letras por tu alma

Construyendo nuestra Matria
En compañía de tu nómada aliento
Antiguas pulpas palpitan tus ideas
Esas arcoíris, purpuras y rojinegras

Nos dejaste tu herencia
¿Para que una cabellera larga?
Si tenemos largos y diversos sueños
Hilandera, dejas en herencia tu conciencia

Ahora nosotras y ellos
Hijas e hijos de tus manos
Día a día procuraremos
Sostener la casa, la Matria
Y esta tu pacha mama

Celebrare

Porque todos los días
Somos mujeres
Celebremos el ser mujer
Sin miedo a vivir

No somos hilos
Que tejidos entre sí,
Se desdibujan
Sin ideas al sol.

Seamos como madejas
En rebelde instalación
Que por nosotras
No pase el deterioro
Que juego el aire y el sol

Luchemos por nuestras
Almas y vientres,
Luchemos por no quedar
Tendidas en los fragmentos
Que moraban sueños
Que no son ya ni panoramas

Seamos los paisajes
Que se inicien a vislumbrar
Reflejemos nuestros sueños
Que se sientan más que un astro.

Mujer, La Mujer, Mi Mujer

Mujer
Poema de coraje,
Poema de arrojo
Que crea y da vida.

Poema a la valentía,
Poema a la osadía
Entre la razón y la ternura.

Poema con que vives,
Desde la trinchera
Entre el vientre y la mente.

Te admiro,
por tener esa mala costumbre
de ¡ser mujer!
Que pronunciándote al fin
en lucha de ideas,
por manos tuyas, mías
y por nosotras defendidas.

Y ya la ven,
tiene la mala costumbre de ser mujer,
será por eso
que tú eres MAR y tú eres mí MAR,
eres la mujer que reSIENTE
que preSIENTE que resiste,
¡Tenido la costumbre de vivir!

Si cuando naces
eres mujer u hombre,
pero y si decides andar
sobre ti renaciendo,
en los tallos de una flor.

¿Cuál es el delito?
¿Cuál es el agravio por decidir oler a ti?
¿Únicamente nacer sexuada mujer
y tener un pijinero tejido endometrial
que quiera salir a vagar me hace mujer?

Porque a veces
quisiera pensar que no te pienso,
pero siempre termino pensando
algo que suena y que se asoma

en un bosquejo a ti
mujer, la mujer, mi mujer.

Alejandra y Alicia

Cualquier cosa que diga en este dolor
Sé que ya lo dijo antes alguien más
Sabes que se te ama y que se reciente
Tuyo y nuestro este sin sabor y fuerza

Que no te cueste amarte a ti misma
Ante tanta ingratitud, no te sientas
Sola y sin norte, tú soportaras todo
Por tu puro cariño, el esfuerzo lo vale
Tú siempre llegas como agua sagrada

Duro es perder la eterna compañera
Sabes que debes amarte, no en si
Sino en un ser etéreo como lo es ella
Ahora con sentimientos más grandes
Fuertes que cariño si es su amar eterno

Nunca Más

Dedicada a Cinthya

Tan solo resiento que
El color de tus lamentos,
El ultraje haya marcado
Tú agónica esperanza.

Más tú no sucumbas,
Vive por el o por ella en ti
O mejor aún vive,
Por y para ti.

Sabiendo tus besos distantes,
Al hiriente dolor que transforma
Al más rudo caminante.

No te dejes vencer
En cada latir existe una lucha,
Igual que tú son pocas
Las que logran sobrevivir
Vive, lucha, gana.

Haz que ante ti se postren, admiren
Nunca bajes tu mirar,
Como diosa o reina victoriosa
Hazte hoy y para siempre respetar.

Nunca de nadie y ante nadie
Te dejes humillar,
Demuestra con arrogancia
Tú más que digno ser
Al andar.

Gracias Por Mi Fortaleza

Como ves que ahora
Al dar la estocada final
Luego de tantas corridas,
De las infinitas
De mi vida a tu lado,
Se te agradece
El hacerme fuerte.

Solamente así logre vivir
Y sobrevivirte siniestro,
Porque en cada faena
Estrenabas arena
Donde depositabas tu amor,
Si quieres compartir tu ruedo
Ya no más, por lo menos a mí.

Porque en mi cartel desde hoy
Existirá solo la exclusividad,
Se acabó esa tu maldita multitud
Al final Pero a cabalidad comprendo,
Domino y ejecuto tu verónica, por mi madre
Adiós, o mejor aún hasta nunca.

Y tu mujer
No dejes que te vean sufrir,
No dejes que lo confirmen al verte
Que lo sepan si pueden,
Que no lo sepan al verte.

Representación

Semejanza

Hombre eres
Eres hombre

El hombre
Miente, engaña
Hace sufrir.

Por eso,
Solo no hay amor
Solo hay llanto.

Odiad al hombre,
Más amad
A la humanidad.

Te Diré

Si juegas a creerte mayor
Tan solo tendrás un recuerdo
Fruto de esos juegos amantes.

Pero sólo una
Es la que se quema
El otro ser, el mal llamado,
Sigue rozagante cual inicia
Y te diré: lo que duele
No es verle con otra,
Odio, celos, ira o pasión

Si no el ser tan idiota
Al depositarle
Algo inmerecido,
Inapreciado.

Solas

Solamente nosotras
Hacia algún lugar,
Solas al mar,
Solas en piel de libros
Que resguardan
Aquellas lágrimas,
Que a solas la ensoñación llamo,
Nosotras las de siempre
Solo aguardándonos,
Nosotras amantes de ideas
Y de años que fueron y que van.

Sequito

Hija, Hijo
Que están
Entre un cordel,
Aun pájaros.

Transitando y
Coloreando
Mis llantos.

Recorriendo,
Todos los días
Creciendo en si
Sin crecer en mí.

Les descubro
En un mar
De mañanas
Cortas y rojas.

Naciendo
Desean
La luz.

Cruzando
La vida
Perfecta
Compañía.

Lleguen
Sin atravesar
Pléyades.

O se escurrirán
Cada eterno día
Gota en mi piel.

Sal tarde

Si los recuerdos de paja seca
De calles sucias y ecos añejos,
Que llevan a la húmeda colina
Donde un día el sol rayo mi piel,
Hacen valer las espinas del ayer.

Pero tengo alergia a los recuerdos
Al dolor que rasga el evocarlos,
Que inflaman y alteran los deseos
Que atreves del vidrio cantan claro,
Oyendo el son, pero no le escucho
Y noto que ya no eres mi adoración.

Cualquier día que el trébol
Este a tu favor daré llamarada,
De labios que entra piel beso
De nariz abyecta que ya roso.

Relego

Necesito tanto olvidarte,
Confundo el deseo y el dolor
Con el amor, oh lo que pudo ser.

Para que quiero más de ti,
Si cada día lo único que das
Dolores de cabeza, cuerpo y alma.

Todavía no sé si te quiero,
Todavía no sé si te extrañaré,
Oh si te digo, que esto no es nuevo.

Colmado paciencia,
Y el fin lo seria,
Mi fin lo seria
De continuar a tu lado
Erigiendo mí sentencia.

¿Le Has Perdido El Sabor Al Amor?

Remembrando arcoíris
Al otro lado del globo
Se encuentra,
Una celosa rea gris de amor
Oliendo a sal con oscuro mal.

Se corrido la visión del dolor
Le olvidas cual primer quemón,
Se cayó del enmarañado pedestal
De juegos infructuosos,
Que al querer olvidar
Solos se terminan de quebrar.

Sin dejar en pie ni la aguja,
Que hilvana hoyes
Que desmadejando
Todos los ayeres,
Que se arroparan
De añoranza,
Feneciente en
Dulce coro de jadeos,
Distantes que absorben

El hilarante éter del
“Hasta luego amor”.

Se Busca

Se busca algo
Que sea algo,
Que llene algo,
Que se ocupé de algo,
Que quiera algo,
Que pueda ser fiel a algo,
Que ame algo,
Que este siempre
Con migo y para mi
Que no se pierda
Con alguna otra ida
¿Dónde estarás?
Existirás.

Hombres

¿Que incita a investigar?
Porque el deseo de ver
Un cuerpo desnudo.

Descubrí, quizás
Que no buscan
La perfección estética,
Sino aquel simple
Pero excitante
Nuevo descubriendo,
¿Será esto o me equivoco?

Por esto,
Amo lo que regala la apreciación
y excita a la comprobación táctil,
si ocupas un par de labios
que te ayuden ya sabes
Una vez al mes por tu vergel
donde encontrar los nuestros.

Sentir

Me gustaría plasmar
La aurora y el crepúsculo
En un lienzo por igual,
Nunca saben dar un bien
Sin quizás un mal,
Se desentrañan obsequiando
Sus mejores esplendores,
Pero en otras ocasiones
Lo quitan todo, reemplazando
Por dolor, versátil e
Impredecible como flor
Brindando armonía, esencias
Magnificas cual arco iris
Reflejando los deseos,
En todos los tonos
El sentir emociones
Evocadas en colores y
La existencia de otro ser
En un creciente nacer
Que de esta brota
Como la vida misma.

Fortunata

Seamos más
Como la abeja
Fortunata
Que decidió
Alejarse
De los sapos

Decidió que el
Premio de su
Vida es ella
Felicidad en si
Y no al final
Del arcoíris

Lindo Es Mentir O Más Fácil Que Decir No

Porque cansada de buscar tu camino
Me abrigo en mi cama sin tu pecho,
Porque al intentar desnudarte
Quedo sola durante las mil y una noches
De hoy no puedo porque tengo que…

Porque siempre calientas la oreja
Pero nunca le consumes la luz al cuerpo,
Porque con todas las idas te fugas
Menos con la que te busca cada mañana.

Porque tus ojos cortan el fuego de la historia,
Porque tus manos gélidamente hacen puente
Con el arco arizomatico de mi piel.

Porque tus labios saben al hollín de la hostia,
Porque se deshilvanan entre la caída del botón
Fugitivo a las crónicas sin tus huellas en mi piel.

Porque entre tus sacos ríes con vaco y el dragón,
Porque pernoctas con teclas de largos vahos,
Porque en casitas de nunca jamás me llevas a vivir.

Porque será que odio la marea que me causas
Porque me dejas a merced del silencio,
Porque siempre al buscarte me pierdo en mares
Porque el cieno de tu piel me desquicia.

Porque cuando calla tu roca vendes mis hojas,
Porque tu muro sella la puerta de mis rizos
Porque ensordeces a las aves grises de mis palmas.
Porque Ariel, anochece y te consumes al son,
De falsos haberes que gruñen por ti lejos del sol maya
Que aun te reclama "un te amo"

Interina

Mercurio camina de lata
Soñando con el boquerón,
Que dejo tránsfugo
La tala del fuego
Tal como quería acabar,
La noche dulce de los cuervos.

Con las ambiciones
Que deseo en tu campo.
Buscando los secos días fríos
De airados sueños con hastió,
Sin leer las cobrizas aguas quedas
Olvidando el olor del placer,
¿Porque la piel resiente la distancia?
¿Porque los labios se resecan por la ausencia?

Cuervo Ladrón

Habla mi piel
Al llamarte mi cuerpo
Con un grano de dignidad
Llenare mi alma,
Sabiendo lo que se y
Sin saber lo que es,
Una omisión, olvido
Será siempre una traición.

Ojos negros de dulce dolor,
Cabello de cuervo ladrón
La tierra te reclama…
A entregarte a la tibia pasión.

Me case con tu recuerdo
Me divorcie de tu piel,
Me ate al mástil de la hiel
Me bañare del magno olvido
Hacia la luz corriendo.

Anhelos Gestores

Hasta que mis ideas,
Dejen de hacer eco
En la falta de tu ser.

Lo que tengo
Es nada más un latir,
Que ya no quiere ver
Sin el sentir.

Estaré llena de mí
Pero tan vacía de ti
Como de toda tu piel.

No necesitara
Morir mi cuerpo,
Reencarnare
Matare mi alma,
Y reviviré
En este u otro ser.

Luz

Te disipas con cada ir, estar
Más nunca desapareces,
Destrozada mi ira por el tiempo
Quizás nunca logre detenerte.

Oh lo será
Hasta que de mis labios,
Destile los mil y un denuestos
Que aprendí a pronunciar por ti.

Ya los eh de crear, hurtar
Librándome así tal vez
Desaparezcas de mi alma.

Así no fuese,
Ni con los cardenales
Deshiciese, quebrante
Y hay sentir que esto
Ya no es humano.

En ello existe
Un dolor distinto,

Una sensación
Cual aguijón,
Que se entierra y
No sangra más.

Desprecio

Te odio y me preguntas por que
Eres despreciable, innombrable
Pasando ya el fin de tu agonía
Quieres ahora hablar.

¿Por qué tolerarte no puedo?
Tan solo hilvanaste ilusiones
Ya desgarradas por el viento, más
No creas derribados mis cimientos.

Al contar en días tu lejanía
En mí que ya no has despertado,
Abruptamente adiestrado el
No sumergir en desesperanza
Del viento rozándome tu alevosía.

Amargos Amores

Tango duelen, duelen tus amores,
Duelen tus olores a ilusión
Dueles con fuerza de hoy.

Tango duelen tus y mis emociones,
De aquellos pardos colores
Que saben a mis amargos amores.

Odiar y amar al mismo ser
Llena de fuerza, coraje y luego
Soliendo soltarte en la tristeza
Te llenan de dolor al caer en su bajeza,
Dueles siempre, duelen tus amores
Tango de amargas pasiones.

Álgido Pretender

Ese ir y venir,
Ha puesto tanta
Hiel en mi ser,
Hiel en mi piel.

Piel que hieres
Piel que me arañas
Piel aunque dañas.

Sigue siendo piel,
Piel que me acompaña
No es que fría estés,

Es que no se ha de perder
Mas piel en tu ser,
Mas piel con tu querer
Más piel en el querer.

Procurare

Mientras mí
Piel, alma y sentir
Se resguarden
Bajo esta venda
Que cuida
De la herida
Del adiós.

Evitare infectar,
Esta joven piel
Aun baja
En defensas,
Alejándome
De ese virus
Que sabe a ti.

Fingiré demencia
Fingiré no verte
O me aleje,
Ignorando
Las tardes
Que ya no
Estas en mí.

Mientras dure
El éxodo que
Mi piel sea
Inmune a ti
Procurare
No tenerte
A mis labios.

Ni re infectar
Mi débil herida
En su caracolea
Carrera, distal a ti
Vector infeccioso
De mi álgido y acre
Dolor

Talión

Celos, cuando llegaste
Brotaste piel en el amor,
Y cuando la pasión falta
Ni la más mínima sensación.

No hubo nada vida o muerte,
Cuanto en este mundo pidiese
Que tú, tanto como yo fueses mío
Hoy que te busco y no te encuentro.

Pedid y se os dará
Que por buen motivo
Se os concederá,
Recuerda el llorar
Es solo mendingar.

Ni peor manera para aprender
Ni peor castigo a doler,
Fastidio así, al darte ahora
Tu cornamenta al fin.

Girones De Polvo

Porque del continente de mi cuarto
Hoy escapa hasta la vida,
Porque mis colochos corren
Desbandados y sin fe.

Porque mis joyas se pierden
En el continente de mi cuarto,
Y yo me pierdo en el paraíso
Que tus labios, tu lengua,
Tus dientes y todo lo que brindas.

Por el humo que sin mirar
Me invade como un globo,
Porque me ahogo en océanos
De llanto intransigentes
De vago y doloroso actuar.

Mocito Maleducado

No digo amor porque sabe a dolor,
Porque huele a traición que evoca
De ojos que manan en ayer,
Con o sin tu Máximo saber.

¿Por qué te deseo aunque seas un gañan?
Demuestra que existes, que no eres un leve rumor
Que vaga entre añejas ideas, a solas en mi cama.

Que contrae y acalora mi danzante camisón,
Solo con evocar tibios halitos acuartelados
Sobre rubor de sudor ausente
Mas por tu maldito callar no me tendrás.

Hilos Desdibujados Al Sol

En espejismo ò un fantasma
que solo hábito en los labios esa noche,
migrando de un ciber clic al bambú
en un beso furtivo e impar
ausente de días gemelos

Me canse de amar sola y
se cansó la maleta de reír,
le cansaste al polvo sin días
te cansa ya la mutis de mi piel
nos cansamos pues, soledad y yo.

Porque en su hora
Hacías bailar mi centro
Al vaivén del latigo
Índices de mil y un
Escalas Mercalli y Richter

Hoy Miéntanme

Miénteme
Que me gusta, que me mientan
Que me gusta, que me mientas,
Con el declinar de la madrugada
No arrugo en dolor tu amor,
Sino en ego destilado de mi amor
Con estrecho amanecer de ojo blanco.

Porque fingiré que no sé,
Lo que te vi hacer
Porque tú
Fingirás que no sabes,
Lo que les vi hacer.

Mitigando
El despeñadero de mentiras
Al vencer mi resistencia,
Incongruente de tus acciones.

Porque Tanto Té A More Say

Tú, podrías ser la silla
En que con tozudez
Me afinque,
Tú, podrías ser la valla
En la que se escude
Por última vez,
Mi dolor.

Tú, podrías estar para mí
Como aquella roca,
Que una tras una
Resiste los embates
De las olas,
Protegiendo mí orilla.

Yo, podría depositar en ti
Mis pechos,
Ese par de fieros linces
Que resguardan
Un titilante corazón,

Que gota tras gota
Como un cirio se consume,
Llorando vagos y quemantes
Recuerdos.

Yo, cual carazamba podría viajar
De Izabal hasta el final de tu peten
Sabiendo que a nuestro regreso
Seguiríamos siendo dos
Libres, soberanos y descalzos.

Pero tú, neciamente
Insistes, persistes, conquistas,
Seduces, usas, abusas y botas
Una vez alcanzado tu reto.

Equivoco guion

Usted está vivo, o es la sombra
De un fantasma que se cruza
Por mis deshabitados y áridos
Recuerdos corpóreos, que hoy
Se desvanecen entre él no está,
No hay más y él hubiera sido.

Según el nuevo guion, el silencio
Es propicio para pensar en todo
Lo que se calla el alma, en ausencia
De lo que no se ha hecho, en donde
Solo crecen las dudas de lo que será,
Porque en tu boca nada es certero.

Según la vida no hay vivir sin el tenerte
Pero el tener, es solo un cumulo de horas
Que te aplastan bajo el tedio de constante
Monotonía del desacierto que nos yace
En el hoy de la bruma y del desasosiego
Del mañana, fría aura de tu ser sin haber

Musitas recuerdos inertes

Es cuando los silencios
Nos gritan las respuestas
Que no deseamos saber y
Entre líneas se musitan
Los trazos del jardín
Que enmudecemos ante
Algún quizás sea hoy el día…

De tus labios aprendí
A leer el llano silencio
Y lo que en sino callas
A leerte entre las líneas
Pero sigo sin entender
Lo que musita tu tez

Permitiéndome navegar
Sobre tu cintura, bermuda
Al borde del desquicio
Y tu piel en el cruce
De mi ego inerte.

Ante una fragancia
Chocante sin sueños
De alcoba en total
Des gobernanza
De un cerro de
Aquellos recuerdos

Cuando Te Hayas Marchado

Cuando te hayas marchado
Acuérdate de lo que dejas manchado,
Lo profundo del alma desolada
Lo que has alcanzado,
El amor y el ser amado.

Transitorio al regreso,
Recupéralo a tiempo
Hicieras memoria de tu amada,
La encontrarías ayer como hoy
Dejar de amarte nunca podrá.

Marchas por una pasión
Cuyo querer nada fuerte es,
Mira bien antes de marchar
Dejas parte de ti, ha florecido,
El fecundo amor y con este
La esperanza, ¿Recapacitaras?

Al quedarte tu alma
Solitaria e insegura,
Nunca volvería a ser triste.

¿Le Has Perdido El Sabor Al Amor?

Remembrando arcoíris
Al otro lado del globo
Se encuentra,
Una celosa rea gris de amor
Oliendo a sal con oscuro mal.

Se corrido la visión del dolor
Le olvidas cual primer quemón,
Se cayó del enmarañado pedestal
De juegos infructuosos,
Que al querer olvidar
Solos se terminan de quebrar.

Sin dejar en pie ni la aguja,
Que hilvana hoyes
Que desmadejando
Todos los ayeres,
Que se arroparan
De añoranza,
Feneciente en
Dulce coro de jadeos,
Distantes que absorben

El hilarante éter del
“hasta luego amor”.

Sefardí errante

En la esquina del retablo
Que yacen todos con vaco,
Que sin saber cuántas horas
El y tú nariz aguileña te debió
Platicar de volver hacia tu isla

Ese sefardí errante, que
Escondiendo tras tu testa
Su absoluta y pura cordura

Destilando sus versos
A las mil y un amantes
Que sin amarlas mas
Que de labios a letras

Musitando poeta sefardí a los vientos
Tú más reciente, sublime y el mejor
“Poemario” previo siempre al próximo,
Ese, el último y más grande de todos.

Poeta de todas las décadas
Errante en calle de tres bocas

Que solo era y fue una, la tuya
Que ahora nos has deshabitado
En tu vuelo, ultimo barranco.

Ogro CAFÉ PAVA

Al fin te veo sin ti y
No puedo entregar
Lo que por tanto
Rumiar he guardado

Es rato que tengas
Los mil denuestos,
Pero ahora vuelve
A ti en tu letargo

Entre tus mentiras
Y el sacro olvido
Al verte al fin, ya
No pude sentirte.

Parco delirio

La única frontera
Entre tu piel y mi cama
Es el violeta orgullo
Que me acompaña

Fiel reflejo de mi sino
Parca risa en que posas
Añejo delirio que pasa
Sobre mis hombros desnudos
En que resbalan lluvias de anhelos

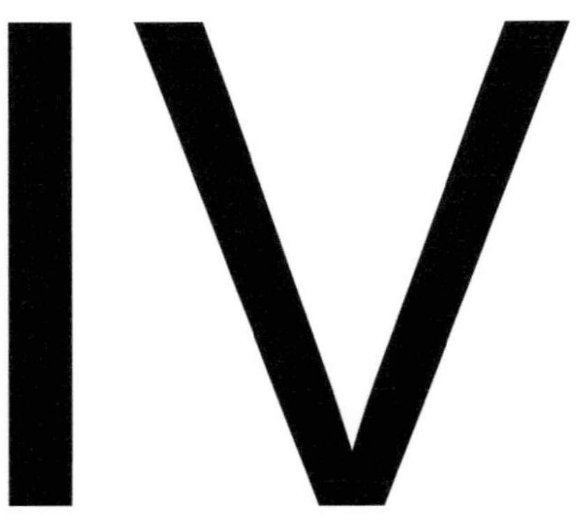

IV

Inmpresente

El más mórbido
De mis viles amores,
Deseo nunca esperarte
Al canto solicito
De los deberes oníricos,
De la moza que pretende
Ser tu musa,
Imploro siempre se mío
Con todos los besos y caricias.

Quiero decir que me mires

Mis caracolas rotas
Penetran, rasgan
Como hombre ausente,
Cortan corolas
Maderas rojas,
De huellas ajenas
Con todos los días.

Sobre lienzo
Aunque callé,
Mejor espectro
Nunca habrá
Por acción,
Pasando
Que no se ira.

Sintiendo,
El maple del recuerdo
¡Oh pegajoso sabor!
De alma ya no golosa
Del olor que extasiado
Y llanamente canso.

Hueles A Noche

Tengo el mismo cuerpo de ayer
No le he prestado, no le he vendido
Sigue siendo del mismo ser
Sigue gestando en la misma piel,
La cual, le sigue aguardando
La cual le sigue delirando.

¿Piel, dejaras de anhelar ah aquel paria?
Cerezas deja de esperar aquel mal amor,
Dejare de evocar todas las noches
Que no le tuve febril entre mis muslos.

Ya deje de ver mis piernas sobre su dorso
Deje de ver mis pezones desde sus ojos,
Podrán mis pechos emular otro ser
Es solo mía, la desesperanza de los reproches.

Ecos Labriegos

Al final logro oír, y no es
A las dilucidadas letras
Que manan de tu boca.

Se quema tu ego, tu barro
Derrapas tu ser en íntimos goznes,
Crece huele a humedad, vieja cordura.

Besa la mano que no suelta el verso,
Que aprisiono el eco del andar
Que vomito los ataques cansados de morir.

Al crecer hechas demasiado pasto
En el jardín andariego, que ya no nutre
Toma la locura que exudan,
Tus dedos en mí labriegos.

Rasando se activan las ideas
Desde el cieno de los efluvios
Mares plateados, rozados
Que brotan de mis pechos
Dulces rocas de la vida.

Quieres consentirte

Sola en el reflejo
Una Diosa ha despertado
Al sentirme en ti.

Amo tus muslos carnosos,
Tus montañas suaves
Tenerte y que seas mía.

Amo más los surcos de tus ríos
Y aunque lisas
Amo tus planas sentaderas.

¡No te cedo!
Ni sabiendo en leve roce
Cuando están pensando en ti.

No existe acto más bello que desearte
Ni más sublime que poseerte
Con ese calor que al recorrerte
Crea un frenético roce de membranas.

Esta vagina parlante
Ciega de puentes y murallas
Corriendo tras de ti vuelve.

No le dejaban decir ¡consiénteme!,
¡Consiénteme! ¡Consiénteme!

Te Reto

Te reto
A no tener sexo
Que me hagas el amor,
A que en el lapso
Te desee, te amé.

Hazme el amor suave
Pero con la justa presión,
Hazme el amor fuerte
Pero sin violencia,
Hazme el amor con herejía
Para que te amé.

Te reto
Que estés acá y ahora
Para hacerme el amor,
Ha amarme.
Para que me dejes de pensar
Como tu pertenencia ausente.

Te reto
Que me dejes de pensar
Como la mujer
Que no está a tu lado
Pero que en tu cama
Tanto resientes.

Ámame
Deséame a mí
Desea mi piel
Se sólo para mí.

Leche Almendrada

Sobre mi cuerpo
Se escribe una historia.

Con el comienzo
Que encabeza algún nombre.

Pintando con melaza
Cada palabra.

Ausente,
Tengo ganas de mí,
Ganas de consentirme
Ganas de llevar estas honduras,
Lejos de mi piel
Lejos de esta sequía vaginal.

Ya sea por aquel contacto
Exógeno con la noche
Dentro de esos panteones,
Oh por conducir ríos de besos
Amarillos con manos ocres.
Ese O Ese Lingüístico

No amé lo que eres crisol,
Si no, lo que no tengo de ti
Sabiendo los caminos que anduve,
Arando te sin que me sientas

Virgen de sentimientos.

Cantando la luz alcatracea
Maquillo el dolor de tu amor,
Uniendo esas encadenadas gotas
Caminantes de risos sucios
De quejumbroso paso de hojarascas.

Con papilas almendras,
Que lavan coronas perladas
Finalmente llenando de leche,
Las lunarosas copas plisadas
Descuartizaban mí haber.

Al apoderarte del cuerpo
Al desalojarme de mí,
Subió la marea cortante y
Cayó el limo pegajoso
Que evitaba secaras la piel.

Relata

Cada día
El frio de mí
Ventana,
Queda
Entre abierta
Sin más,
Que el recuerdo
Del alcatraz.

Sube
Las escaleras,
En la ausencia
Del espejo.

Que empañado
Espera indolente,
Aunque sea
El fondo,
De pequeños rizos
Y mis dedos.

Con el calambre,
Que detona
El derrame de notas,
De aquel álgido organillo
Hetaira de velas.

En el polvo del vaivén
Que salpica la boca,
Sin las brisas
Olor almendro.

Odiosa Elección

Al más infiel de mis
Amantes,
Por nunca encontrarte
Entre tantos árboles,
Que ya no suenan
Pero siguen soñando.

Al compaginar
Ideas salientes,
Que hubiesen nadado
Entre dientes
Y perdido entre vientos.

Derritiéndose la cadencia,
Que empavonan
Esas mustias braguetas
De lapsus lingues.

Te defines a portón afianzado,
Y aunque traslucido
Resguardara el vaivén.

Que tras unas pérfidas llaves,
Aguardaban por ese calor
Aunque de nova rapaz.

Que no dando mucha luz al trotar,
Ha impregnado con leve ambrosia
De álgido tornasol el cerrojo.

Gane Algo También Oyéndote

Otra vez extraño
Aquellos labios felinos,
Aunque prestados
Besan con ese sabor
Agridulce dosis,
Santamente barbaros
Entre coronas perladas
Y nenas mimadas.

Porque en su hora
Hacen bailar mi centro
Al vaivén del látigo,
Índice de más de mil y un
Escalas Mercalli y Richter.

Galopando
En la cintura de la noche,
Pegadita a tu latir,
Al roce de mis pechos
Bajo el torrente de tu espalda
Que implosióna al fuego,
Corrosivo de leche almendrada.

Aun me debes el beso del adiós
Que se durmió a media ducha,
Mientras la puerta se quejaba
Y las gradas traqueteaban
Ronroneando tú moto al partir.

Por Hoy

Lo único que ocupo
Es tu espalda,
Lienzo blanco
A mis devaneos.

Entre posadas,
Hostales y mesones
Gloria felina hemos dejado
En cualquier cama.

Y estos desesperados pinceles
Blancos y arizomaticos,
Curvas grafiladas
Uñas, dientes.

No importa
Con todos creare
La historia.

Nena, Mía, Nuestra

Nena ahora
podrás recordar,
soñar o pensar
sin más.

Que la noche
y sus chimeneas.

Vez Nena, la oficina
en el inicio de su boca,
y al final de tus piernas
continua aguardándole.

Tengo sed de carretera,
el destino ya no importa
nuestras horas lo trazara,
señalando las chimeneas.

solo que no debo ir a ti,
y me quedo escuchando
recordándote cual gatito
sin tener tu piel, ni sudor.

Esta Noche, Colocha Y Mía

Sembrado a mis ojos
Nació la voz
Yacente de penurias.

Como cerveza
Que nace en barril,
Marginemos al tiempo
Borremos su lecho.

Al igual que mis pechos
Olvidaran el salitre de esa boca
¿Por qué hacen ya tantos diciembres y abriles?
Que se cruzaron las veredas

Por qué desprolija colocha y libre
Retomo y retumbo en el último hoy,
De aquel rubio ronroneo
De aquella ultima urgencia de miel,
De aquella fuerza de rio
De aquel ultimo y lindo maya, el Ariel.

Por hoy solo se,
que extraño esos ronroneos

Al mirarme, desde mil carreteras,
es que ya urge un poco de miel
Con algo de aquel ahumado
Pero histórico sabor canelo
Por esa magia de nuca tenerte.

DesasoSIEGO

Ocupo un beso y no importa quien seas,
Quiero un abrazo y no interesa quien seas,
El dolor se lava, el dolor se vive
El dolor no se borra, ni se evade
Pero al no gobernar nuestras vidas,
Solo se le deja salir.

Escucho callar el llanto,
Con falsas rizas y ensordezco
Bajo altas notas musicales,
Coreografía ensayada
La conozco la haría yo,
Reiría ante el dolor.

Buscándole ese lado amable,
Sin dejar que nadie sospeche
Que he llorado, esos jueces
Saben cosas que yo no sé aun,
Pero yo ya se las cosas
Que ellos ya nunca sabrán.

Yo podría abrir esos labios, verlos
Y seguiría sin comprender,
Pero usted continuaría queriendo decir lo,
Así que mejor dígalo
Que la palabra misma se revele.

Y deseando algo dulce pero tibio,
Descubro que he extrañado su sabor
Y me encuentro cada noche,
Imaginando algún devenir
Sobre aquella corona perlada.

Predicamento

El predicamento de tu piel
Entre la realización de estas
Ansias de cama, que se detienen
En cumplimiento de una palabra
Promesa dada que solo sería suya

Cruce de miradas lisonjeras
Sonrisas espurias, juego, dichos
Cubren los anhelos en el roce,
De tu piel en convulsivo anochecer
Que descansa mudo y manco ante ti

Yacente en el fondo gris de dilaciones
Descifrando recónditos y análogos parajes
Que se afrontan ante ti, el CPU y Pegaso
Ya ondula cronos la arista entre pestañas

Temblando al paso de la memoria
Al rasgado resguardo de aguaceros
Tu voz distal pregunta en un ciclo
Gestando días, deseos y recuerdos.

Me Gusta Lo Que Insinúa

A veces mi bronce es lucha
Y desea morir impreso al sol.

Con un par de ensortijadas ideas
Que no les musiten
En comparsa un ¡Te amo!

Y luego las abandonen
Al amanecer.

Mientras mis talones
Buscan algún gorgoreo,
Para descansar
Que incita a investigar,
A los hombres.

Calla y sal

Me caso cada
Tarde con el
Tiempo que
Discurre entre
La ausencia
Y la promesa
Inequívoca
De eros y Clío

Ahora en mi vida
Eres solo Pasado
Y Con el Pasado
No se hace Nada.

Eres Solo Historia
Que se lee tal
Cual se escribió

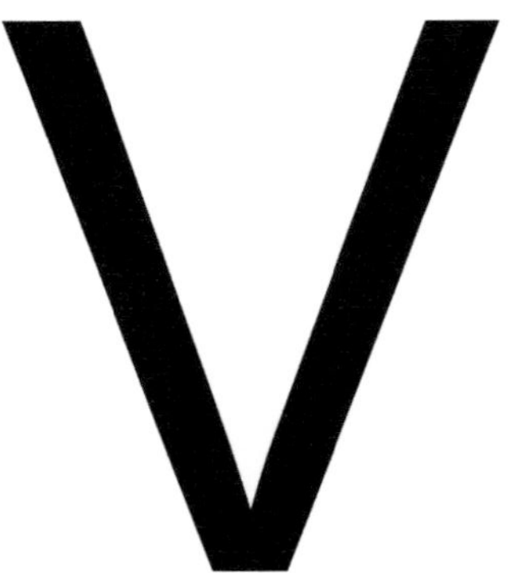

Tejados, adobes, lozas, maderos y cal

Me gusta el contraste del barro
Tu brillo al mirarte cual farolas
Y así en los colores de maderos
En que enmudeces a cal y piedra

Pero quien les protegerá
Y a sus casa antañonas
Eternas Huérfanas de hoy

Tegucigalpa y Comayagüela
Seniles madres guardianas
Iracundas se niegan agonizar

Por el despeñadero que roca a roca
Matan cinceles, martillos y barras
Manos ignorantes del poder de la historia
Mutilando el presente sin memoria

Pariendo callejas, casonas, parques, lares
Desabrigadas de recuerdos que musitan vida
Piedra mojada y majada, tejas desquebrajadas

Ahora se vaga por tus paredes sin barro
Techos sin tejas y callejuelas sin piedras
Que solas se corren sin rumbo y sin veredas

Ya no hay zaguanes que nos resguarden
Del modesto chirchir al copioso chaparrón
Ausentes de atrios se quedaron las tardes
Sol si terrazas y pasadizos sin jardines

Lloran por su canícula sin veranillo
Que ahogan inmundas prácticas
Por estos nietos de tu Honduras
Desbarrancada en escombrados cerros

Taguzgalpa

Hoyo nimbo
Luciérnaga rastrera,
A que le temas
Porque tanto titilas,
Con ese vaivén
De negro amanecer
Te partes en miles,
Pero ya eres mía
Ya no posas vacía
Acá en un puño
Te contraigo.

Porque será
Que acá en
Esta caramba,
Aunque frio
Y con
Señales de humo
Siempre
Es más rico
El cafecito
Con ese sabor
Ha ideales y razón.

Entre rayas

Me gusta
Mirarte
Tegucigalpa
Y los colores
En que nadas
Lecturas
Indivisibles
Y yo recurro
Al vacío
Inexistencial
En el caos
Vital, donde
Se pierden
Hoy hasta
Las ideas
Y tu sin done
Que escapa
Al sol, lavada
En sinódica
Roca maga
Siéndome
La espera
A mi fuego.

TEGUZ y COMA

Hay COMA
Como decirte
Que hasta a ti
Te extraño.

Pero acá
Entre nos
Mi amor
Es TEGUZ

Por con gula de
Ella y de ti
Mi retina
Las devoraba

Desde tu no
Tan celeste
Bóveda.

En la que
Te escondes
TEGUZ

Llegando a ti
Y tú te quedas
Entre los bastones
Ni tan córneos
Que dormirán
Con las ramas
Sin axiones
Dendrito de mí

Yuscarán, El (Mí) Paraíso

Piñata andariega
Regresando estoy
de aquel blanco manto
que fríamente beso mi piel,
y de aquel verde limón
con callejuelas empedradas,
que tiemblan y retumban
sin tus brisados pasos
Yuscarán.

Cuyo nombre
Sonrisa es de miles
y en algunos lugares,
Lagrima de millones,
pero solo al vivir
En su pueblo descubres
que sus calles, casas,
Piedras, montañas y ríos
te llevan de paseo
Entre vida e historia.

Yaruca. Mi Moy

Pita la yuca
Este anafre de ciudad
Recoge el beso tirado.

Ese, el olvidado por todos
Callado con sudor,
Por piedra o arena.

Jugando en el tobogán,
Que solo se compra
Al lanzarnos,
Por tu serpiente
Cangrejal.

Amanezco en ti,
Bajando de tus ideas
a tus besos sin versos
Bajando por emulado crin
Lo hago hoy, tan fácil
Así, como seguiré mañana,
Haciendo el amor
A mis recuerdos.

Liure

Travesía
De pedregal
En donde
Los años
Pasan y las
Travesuras
Se nos quedan
Ahí Guardadas
En almanaques

Orciona

Pueblo con alma
De Aldea secante
Cual cuina sin oro

En esos tus cerros
Brujos y furibundos
De gatos negros
Escondes limones

Faro

Avizorando
Nublados sueños de rocío.
Que sedentes en si
Recorren miles de millas.
Tus rocas en pupilas
De aquel incauto ausente,
Que cautivo con ese beso
Postrero a ese último adiós,
Que sin saber hasta cuando
Le será siempre su ultimo amar,
Contrayendo congelados
Hitos de su haber.

Cual marisma que alza oleaje
Lo bueno se enseña al final.
Al igual en ambos dedos
Cuando al caer la áurea ola
Sabes que ya no hay más,
O que tocara mucho esperar.

Primer Día Por El Sur

Veremos hasta donde
Nos llevan por el camino,
Que fue de aquellos pasos
Que nadaban
Por desdibujados mapas,
Nunca olvides el barro
Que empuntabas al andar,
Y es que reposadamente
Nacemos sin estrellas
Que guíen el camino.

Y que del viejo vaco,
se cansó de seguir mis pasos
sin lograr hacerme posar,
En su delirante miel
Por qué alguna vez
Hay que descansar
Con vaco, a tus pies.

Un Cono Por Tu Transito

Saludo cíclico, ondulante al devenir
De tu corriente sotavento, ya que parto
En tu urbe bífida de Ángeles y Concepciones
Azotando el viento, tus hojas aquellas
Que como ojos me dan a tras luz, con este
Amigo inerte, gredoso, naranja y mal
Alineado, le encontraremos siempre
Delimitándonos, donde podrá o no estar
Encadenado a un antojo, a una orden
En que lo urbano no urbaniza deshumaniza.

Elvira Vargas Y Félix Samuel Sánchez

A Mis Abuelos En Sus Bodas De Oro

Son diez los lustros
Iluminando sus vidas,
Vidas que florecieron
Entre virutas, hilos,
Muñecas y barriletes.

Ese carro que se condujo
Entre telas y maderas,
Maderos que moldearon
Los sueños de ayeres,
Ayeres que hoy vuelan
Entre montañas.

Tegucigalpa,
Aún recuerda
El eterno "Si"
Con aquel sino,
Que se continúa
En aletargo uniendo.

Printed by Books on Demand GmbH, Norderstedt / Germany